Mascotas inusuales

LOS PETAUROS DEL AZUCAR

MARYSA STORM

BLACK RABBIT BOOKS

Bolt es una publicación de Black Rabbit Books
P.O. Box 227, Mankato, Minnesota, 56002
www.blackrabbitbooks.com

Alissa Thiegles, editora; Rhea Magaro, diseñadora de los interiores e investigación fotográfica.

BOLT

Información del catálogo de publicaciones de la Biblioteca del Congreso
Names: Storm, Marysa, author.
Title: Los petauros del azúcar / by Marysa Storm.
Other titles: Sugar gliders. Spanish
Description: Mankato, MN: Black Rabbit Books, [2026] | Series: Mascotas inusuales | Includes index. | Audience: Ages 8-12 | Audience: Grades 4-6
Identifiers: LCCN 2024050591 (print) | LCCN 2024050592 (ebook) | ISBN 9781644669549 (library binding) | ISBN 9781644669662 (ebook)
Subjects: LCSH: Sugar glider—Juvenile literature. | Sugar gliders as pets—Juvenile literature.
Classification: LCC SF459.S83 S7618 2026 (print) | LCC SF459.S83 (ebook) | DDC 636.923--dc23/eng/20250117

Image Credits

Alamy Stock Photo/ Auscape International, 1, 4–5, 15; Dreamstime/Ploychan Lompong, 22; Shutterstock/Africa Studio, 7, AlinaMD, 23, difenbahia, 23, DSlight_photography, cover, EdwinPNursalim, 22–23, Garna Zarina, 22, I Wayan Sumatika, 3, 6, 8-9, 16, 24–25, 27, 32, idea_Photo, 4–5, JessicaGirvan, 23, Kurit afshen, 20–21, Macrovector, 21, Nynke van Holten, 14–15, 28–29, ozkan ulucam, 13, Praisaeng, 26, Prawalapat Nambooppha, 31, Rioji, 13, Salkillust, 10–11, SOMMAI, 18–19.

CONTENIDO

CAPÍTULO 1

Conoce al PETAURO DEL AZÚCAR

¡Qué animal tan tierno y peludo! Es un petauro del azúcar, está sentado encima de un estante alto. La mascota está a una gran distancia del suelo. Sin embargo, no tiene miedo, su dueño tampoco. El animal mira alrededor con sus grandes ojos negros. Luego, salta.

En la naturaleza, los petauros comen **néctar**, este proviene de la fruta.

Goloso

El animal estira rápidamente sus brazos y piernas. En lugar de caer, ¡vuela! Se desliza directamente hacia la mesa de centro. Su dueño ha puesto un tazón de uvas allí. El pequeño animal toma un pedazo y comienza a comer. Le encanta la fruta dulce.

CAPÍTULO 2

UNA MASCOTA ESPECIAL

Los petauros del azúcar son **marsupiales**. En la naturaleza, viven en grupos llamados colonias. Son animales **sociales** y están más activos durante la noche. Los petauros salvajes pasan la mayor parte de su vida en los árboles. En la oscuridad, planean de un árbol a otro. Atrapan insectos a su paso.

DÓNDE VIVEN LOS PETAUROS DEL AZÚCAR EN ESTADO SALVAJE

EUROPA
ASIA
AFRICA
AUSTRALIA
ANTÁRTIDA

Cómo traer uno a casa

Los petauros del azúcar son mascotas adorables. Suelen ser curiosos, también pueden ser tiernos. Sin embargo, es necesario consultar las leyes antes de adoptar uno. En algunos lugares, es ilegal tener uno. Los legisladores temen que estas mascotas puedan escaparse. Podrían dañar a los animales **nativos** o transmitir enfermedades.

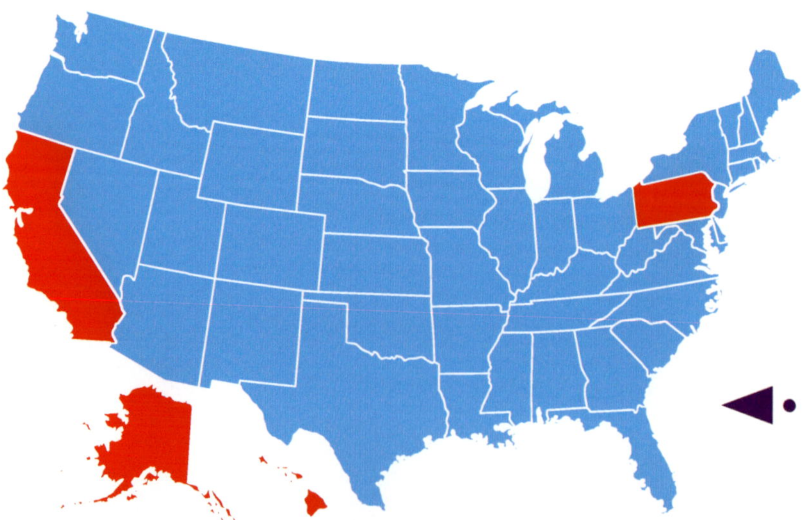

Dónde es ilegal tener un petauro

Alaska	Hawái
California	Pensilvania

CAPÍTULO 3

CARACTERÍSTICAS

del petauro del azúcar

Los petauros del azúcar tienen ojos negros gigantes con los que pueden ver bien de noche. Sus grandes orejas también les ayudan a oír bien. Los petauros están cubiertos de pelaje gris. Es muy suave y grueso. Su vientre es más claro que su espalda. Una raya oscura recorre su espalda.

Tamaño promedio

LONGITUD
5 a 8
PULGADAS
(12.7 a 20.3 cm)

0 onzas
1
2
3
4
5
6
7
8
9
10 onzas
PESO
aproximadamente
3 a 6
ONZAS
(85 a 170 gramos)

Las hembras llevan a sus crías en bolsas.

Cómo planean

Los petauros del azúcar deben su nombre en inglés ("gliders") a su fascinante habilidad para planear ("glide"). Un colgajo de piel conecta sus brazos y patas. Se extiende desde la muñeca hasta el tobillo. Cuando se estira, la piel atrapa el aire como un paracaídas. El petauro se eleva. Así consume menos energía. Su larga cola le ayuda a cambiar de dirección.

PARTES DEL PETAURO DEL AZÚCAR

OJOS GRANDES
NARIZ ROSADA

CAPÍTULO 4

Cuidados de un PETAURO DEL AZÚCAR

Cuidar a los petauros del azúcar puede ser difícil. De hecho, una persona no debería tener solo uno. Estos animales se sienten mejor viviendo en pareja o en grupos. Los petauros viven en **aviarios** grandes Necesitan mucho espacio para planear, tambié necesitan perchas para ir y venir.

Los petauros necesitan mantenerse calientes. Les gustan las temperaturas entre 75 y 90 grados Fahrenheit (24 y 32 grados Celsius).

UN AVIARIO PARA PETAUROS DEL AZÚCAR

juguetes
lecho

Comida y agua

Los petauros del azúcar son **omnívoros**. En la naturaleza, comen una gran variedad de alimentos. Como mascotas, deben ser alimentados con **pellets**. Como golosinas, pueden comer insectos, frutas y verduras. También necesitan mucha agua fresca. No deben comer lácteos, chocolate ni pasas.

ALIMENTOS PARA PETAUROS DEL AZÚCAR

PELLETS PARA PETAUROS DEL AZÚCAR
NÉCTAR

INSECTOS
gusanos de la harina, grillos

FRUTA
fresas, manzanas, plátanos

VERDURAS
zanahorias, maíz, batatas

Criaturas adorables

Los petauros del azúcar pueden llegar a querer a sus dueños. Se acurrucan con ellos. A veces incluso se meten en los bolsillos de las camisas. A pesar de esto, existen dificultades. Los petauros deben permanecer juntos. También se pasan el día durmiendo la siesta. Sin embargo, sus dueños dicen que sus tiernos petauros valen la pena.

Los petauros del azúcar no pueden ir a cualquier veterinario, necesitan recibir cuidados de veterinarios capacitados para tratar animales **exóticos.**

En

NÚMEROS

6 a 8 pulgadas
(15.2 a 20.3 cm)

LONGITUD DE LA COLA

15 AÑOS

ESPERANZA DE VIDA

hasta
10

NÚMERO DE PETAUROS SALVAJES EN UNA COLONIA

150
pies
(45.7 metros)

APROXIMADAMENTE QUÉ TAN LEJOS PUEDE PLANEAR UN PETAURO DEL AZÚCAR

GLOSARIO

aviario: una jaula grande para pájaros

exótico: de otra parte del mundo

marsupial: tipo de mamífero cuyas hembras generalmente tienen una bolsa para llevar a las crías

nativo: que pertenece a un lugar en particular

néctar: líquido dulce que producen las plantas y las flores

omnívoro: animal que come tanto plantas como animales

pellet: una bola pequeña y dura de comida

social: que le gusta estar y comunicarse con otros

ÍNDICE ALFABÉTICO